Die Autorin

mein Wesen steht in den Gedichten geschrieben
all die Gedanken, die mir bis heute sind geblieben
sarkastisch, schön, manchmal auch provokant
je nach Gedanke, den ich in meinem Kopf vorfand
neben dem Schreiben lache ich auch sehr gern
will tough wirken, aber eigentlich weich mein Kern
anders zu sein, noch immer ein sehr wichtiges Ziel
warum auch nicht, Normale gibt es sowieso zu viel
Träumen, bis auf der Liste kein unerfüllter mehr zu sehen
denn nur dann kann ich irgendwann zufrieden gehen
wer mehr über mich wissen will, lies es in den Gedichten
einige davon können sehr gut darüber berichten
und auch sonst kann man die Eigenschaften super rauslesen
teilweise bin ich so jetzt, teilweise bin ich es gewesen
in deinen Händen ein Traum, die Sammlung Teil zwei
meine Gedanken sind offen, meine Gedanken sind frei

Die Sammlung meiner Gedanken

Teil II

Julia Rüdisser

Bibliografische Information der Deutschen Nationalbibliothek:
Die Deutsche Nationalbibliothek verzeichnet diese Publikation in der
Deutschen Nationalbibliografie; detaillierte bibliografische Daten sind
im Internet über http://dnb.dnb.de abrufbar.

© 2020 Julia Rüdisser
Fotos: Nadia Besio
Covergestaltung & Layout: Julia Rüdisser

Herstellung und Verlag:
BoD – Books on Demand, Norderstedt

ISBN: 9783750487178

Solltest du in diesem Werk einen Fehler finden, sage ich hiermit herzlichen Glückwunsch - du hast gerade bewiesen, dass auch ich ein Mensch bin :)

Die Sammlung

Auf der anderen Seite

dann arbeitest du Monate daran, doch der andere ist besser
als wäre das Absicht, in deinem Rücken das Verlierermesser
willst den gleichen Erfolg, hast dir auch Mühe gemacht
das kann ich genauso gut, alles andere wäre gelacht
und der Erfolg kommt, nur die anderen schon weiter
und du trotz deinem Bemühen wieder nur zweiter
so langsam bin ich doch nicht, das ist nicht fair
meine Idee ist besser, doch seine wird populär
er hat das schnellere Auto, das größere Haus
wie komme ich aus diesem Verliererplatz raus?
Kann nicht sein, dass nur andere Belohnung kriegen
ich will doch auch endlich einmal siegen

natürlich, auch ich habe Haus und Geld
aber ich bleibe für immer der Verlierer dieser Welt
können wir nicht tauschen, nur ein einziges Mal?
Ich will wissen, wie es sich anfühlt, als wäre es real
dann wird getauscht, doch so gut fühlt es sich nicht an
denn an seiner Stelle ist er auch nur der zweite Mann
darüber ist auch jemand, der die Treppe höher stieg
es war noch jemand besser im brutalen Erfolgskrieg
nur weil das Gras auf der anderen Seite immer grüner wirkt
wie viel Wahrheit sich doch hinter dieser Aussage verbirgt
ich dachte immer, das hätte unser Ehrgeiz entschieden
doch in Wahrheit sind wir Menschen einfach nur nie zufrieden

Das bin ich

wer mich kennt sagt Energydrink, es ist aber Kaffee
mein Lieblingsgetränk, Koffeinjunkie von Kopf bis Zeh
intensiver Langschläfer, trotzdem will ich früh aufstehen
sonst zu viel verschwendet, weil Stunden schnell vergehen
eine Wirbelsäule, die nicht ganz geradesteht
egal, ich sehe die Welt gerne etwas verdreht
ich liebe die Musik, vor allem die der Klassik
als wäre die Welt besser, ein schönerer Anblick
Petricor von Ludovico Einaudi, ein wahres Meisterwerk
mein innerer Frieden, weil ich mich mit diesem Lied stärk
Gitarre spielen ein Traum, meine Finger zu kurz dafür sind
eigentlich nur zu faul, weshalb ich solche Ausreden erfind*
ein Schuljahr wiederholt, Schreiben war schon immer toll
dafür ein Jahr verschwendet, war dann doch nicht so sinnvoll
etwas suchen, keine Chance, zwei blinde Augen im Gesicht
denn beim Suchen sehe ich den Wald vor lauter Bäumen nicht
das Geschirr abwaschen, die Kleidung wird nass
das Resultat wenn ich putze, es geht nicht ohne das
die ganze Welt bereisen, an all den schönen Stränden liegen
das ist das Ziel, auch wenn ich Angst habe vor dem Fliegen

*Update: habe angefangen Gitarre zu spielen –
                      meine Finger lang genug :)

Gerichte, die ich kochen kann, die Auswahl ist rar
aber diese sind okay, Vergiftung außer Gefahr
meine Haare können zaubern, ein Afro nach dem Föhn
beim Trocknen lassen Engelslocken, finde beides nicht schön
bevor ich schlafen gehe, suche ich Spinnen in allen Ecken
muss sicher sein, dass die Monster sich nirgends verstecken
wenn ich dich zum ersten Mal sehe, achte ich auf die Schuhe
denn sie sind für mich das Wichtigste aus der Kleidertruhe
wenn ich könnte, würde ich die ganze Welt beschenken
damit Menschen aufhören, an das blöde Geld zu denken
Spaghetti essen kann ich nicht, der Mund orange beschmiert
ist mir aber völlig egal, auch wenn es mich blamiert
alte Menschen an der Kasse, schmerzt in meinem Bauch
am liebsten würde ich helfen, vielleicht kennst du das auch
blöde Sprüche zu reißen, ist wie eine tiefe Sucht
die süße, gelbe Mango – meine Lieblingsfrucht
ein Gewohnheitsmensch, ein Prachtexemplar
mein Leben ist ein Plan, die Struktur glasklar
so bin ich eben, ändern werde ich mich für keinen
aber so schlecht bin ich nicht, würde ich jetzt mal meinen

Das Spiegelbild

ein Blick darauf geworfen, das Gegenbild verzerrt
weil dein Zweifel das originale Bild versperrt
zu dick, zu kurvig, einfach nicht schön
ein Anblick, an den ich mich wohl nie gewöhn
die Haare mit einer Vogelscheuche zu vergleichen
mein ganzes Gesicht ein hässliches Fragezeichen
meine Arme schwabbelig, sie wackeln beim Winken
irgendwann werde ich noch in meinem Fett ertrinken
nicht einmal mit schöner Kleidung kann ich mich retten
bei Schönheitswettbewerben würde ich gegen mich wetten
wann ist das aus mir geworden? Was ist passiert?
Warum habe ich das nicht schon früher realisiert?
Die Leute lachen, ganz sicher über mich
sie sind schöner, schlanker, beliebter als ich
mein Spiegelbild lässt Verzweiflung aufkochen
mich wundert, ist der Spiegel noch nicht zerbrochen
ich will so aussehen wie ein Star
sportlich, glücklich, perfektes Haar
ich will in die Zeitungen der ganzen Welt
ich will, dass meine Schönheit allen auffällt

ich will doch einfach nur zufrieden sein mit mir
ohne, dass ich tubenweise Schminke auf mich schmier'
doch das ist das Problem, wenn man in den Spiegel gafft
du siehst nur das verfälschte Abbild der Gesellschaft
weil sie uns sagt, was schön ist und was eben nicht
doch wir sollten eben nicht sein dieser blöden Ansicht
du bist perfekt, so wie du bist
auch wenn dich der Zweifel auffrisst
lass ihn nicht gewinnen, der Spiegel lügt
die falschen Gedanken werden zum Bild hinzugefügt
du siehst nur dich im Vergleich zu einem Star
merkst aber nicht, dass auch du bist wunderbar
warum denn aussehen, wie jeder andere auch?
Das ist eigentlich nicht, was ich wirklich brauch
lieber bin ich anders und falle dadurch auf
dafür nehme ich auch einen blöden Blick in Kauf
solange ich mich wohlfühle, ist meine Welt perfekt
ich hoffe, dass auch die Gesellschaft das irgendwann checkt

Die Maske

sieh mal da vorne, die wunderschöne Frau
perfekt gekleidet und geschminkt, kein Haar ist grau
weiße Zähne, ein Lächeln sehr charmant
als hätte sie alles, was sie wollte, in ihrer Hand
am Finger ein Klunker, somit glücklich vergeben
scheint, als würde alles nach Plan laufen in ihrem Leben
auf der Handyhülle ein Foto mit ihrem Kind
weil sie definitiv den Preis fürs beste Leben gewinnt
sie starrt ins Leere, genießt wohl die Ruhe
erst jetzt bemerke ich ihre überteuerten Schuhe
ihrem Blazer zufolge wohl bei der Arbeit ein hohes Tier
ob sie bemerkt, dass ich sie komplett analysier?
In ihrer Hand der Schlüssel für ihren Wagen
eine Rennkutsche, sie kann sich wirklich nicht beklagen

in der anderen ein Buch, somit auch belesen
da ist wohl jemand sehr fleißig gewesen
sie läuft auf mich zu, völlige Benommenheit
für Erholung bleibt wohl wenig Zeit
sie rammt mich, als hätte sie mich nicht gesehen
völlig erschrocken, wieder bei sich, bleibt sie stehen
ihr Buch fällt aus der Hand, beide greifen danach synchron
ich war schneller, nimm es auf, ein Buch über Depression
sie wirkt beschämt, sollte wohl keiner wissen
doch die Blase der makellosen Frau ist gerissen
sie dreht sich von mir weg und läuft vorbei
bei der Analyse wohl vergessen ein wichtiges Detail
Gemüt verletzt, also doch kein perfekter Alltag
denn beurteile ein Buch nie nach seinem Umschlag

Sieben

sieben, sieben, sieben
eine Zahl in meinem Kopf geblieben
kann nicht aufhören daran zu denken
obwohl diese Gedanken mir keine Freude schenken
am 17. geboren, die Zahl gewöhnlich zu dieser Zeit
doch sie zieht dich durch dein Leben, sie zieht dich weit
dein Ehename aus sieben Buchstaben bestand
die Zahl immer mit dir, Hand in Hand
deine Heimat 570 Kilometer entfernt von hier
doch dein Dialekt war immer ein schöner Teil von dir
und am 17. eines Monats 2017, der Lebenskampf begonnen
dieses Mal ist die Zahl sogar zweimal vorgekommen
zu diesem Zeitpunkt 77 Jahre zu kurzes Leben
ab hier wusste ich, solche Zufälle kann es nicht geben
und als hätte das nicht gereicht, das Zahlenspiel geht weiter
erst jetzt gemerkt, du warst der allerstärkste Fighter

zwischen weißen Wänden die Kraft genutzt, die dir verblieben
jeder hat ein Zimmer – deines die Nummer sieben
gekämpft wie noch nie, mehr als man zu glauben vermag
nach 376 Tagen fand dein Leiden ein Ende an jenem Tag
78 Jahre durftest du werden, viel länger hätte dir gebührt
jedes deiner selbstlosen Taten auf ewig mein Herz berührt
und auf einmal wird daraus die bedeutendste aller Zahlen
darum ließ ich mir die Nummer Sieben auf den Finger malen
als wäre alles von Anfang an fixiert, niemand den Plan stört
als hätte die Nummer sieben schon immer dir gehört
manche denken jetzt, ich bin nicht ganz dicht
doch die Zahl 17 Mal vorgekommen im Gedicht
weil diese Geschichte einen besonderen Status erhält
denn das ist die Geschichte von meinem Superheld

Die Sanduhr

es gibt etwas im Leben, das macht niemals Pause
egal, ob du schwer schuftest oder entspannst zu Hause
nicht interessiert, an keiner einzigen Person
verschwindet, wie eine regelmäßige Explosion
das Einzige, dass auf der ganzen Welt genau gleich
deine Heimat nicht wichtig, egal, ob arm oder reich
sie vergeht, ohne Rücksicht auf Verluste
weil es so ist, weil es so sein musste
egal, welche Schicht, egal, wie wichtig dein Job
sie läuft weiter, kein Erbarmen, kein Stopp
aber jeden Tag gibt es allen weitere 24 her
niemand bekommt weniger, niemand bekommt mehr

nutze sie klug, genieße und vergeude nie
behalte sie im Hinterkopf, verwerte die Magie
nimm was du hast, sie wird dir nicht geklaut
dein ganzes Leben ist darauf aufgebaut
jede Sekunde ist da, damit du was draus machst
jede Sekunde, in der du deine Flügel entfachst
jeder Moment hat was Gutes, auch wenn du das verneinst
denn all das trägt dazu bei, wie du dein Leben designst
lebe dein Leben und vergiss nie die Zeit, die du hast
denn die Zeit vergeht schnell, die Zeit verblasst

Homophobie

nicht natürlich, das soll Liebe sein?
Toleranz, da sage ich ganz klar nein!
Heiraten dürfen? Nicht in meinem Land!
Geht weg von mir, haltet bitte Abstand
du bist schwul? Widerwärtigkeit nicht zu schlagen
was, noch Freunde? Wie kannst du es wagen?
Wann hast du dich denn dafür entschieden?
Das ist einfach krank, bist du jetzt zufrieden?
Lesbe? Du gehörst nur richtig durchgenommen
ich übernehme den Part, bist immer Willkommen
ach, diese Einstellung legt sich, nur eine Phase
irgendwann wachst du auf aus dieser ‚Teenieblase'
Homopornos sind ganz ok, ist ja auch nicht echt
aber in der realen Welt? Das wäre nicht artgerecht
zwei Frauen sind ja ganz heiß, zwei Männer nicht
behaltet das für euch, bevor der nächste Krieg ausbricht
ausprobieren schon, will ja Erfahrung erzielen
dafür muss ich dann mit deren Gefühlen spielen

sei leise, versteck lieber dein wahres Gesicht
ein Homo hat nichts verloren in dieser Gesellschaftsschicht
das ist nicht legal, hör auf mit diesem Getue
du provozierst alle, stiftest bloß Unruhe
weil Schwule die ganzen Krankheiten übertragen
dass sich die überhaupt noch in die Öffentlichkeit wagen
von dir du Homo will ich sicher kein Blut
dann werde ich so wie du, das wäre nicht gut
Gott hat gesagt nur Frau und Mann soll sich paaren
über diese Regel wird immer der Zug drüberfahren
habt ihr Mal an Fortpflanzung gedacht?
Ein Kind mit zwei Müttern wird überall ausgelacht
dann erzieht ihr es und es gehört auch zu eurer Sorte
es wird immer mehr von euch geben, mir fehlen die Worte

traurig, dass die Gesellschaft das als Phobie anerkennt
obwohl hier nur einem Trottel die Sicherung durchbrennt

traurig, dass es immer noch so viele Gegner gibt
obwohl das Resultat gleich – man wird einfach nur geliebt

Launenverderbnis

habe den Wettbewerb gewonnen, gelohnt die Arbeitsstunden
super, das Glas runtergefallen, gute Laune verschwunden
endlich läuft das Auto wieder, lange daran rumgeschraubt
mein Handy dafür verlegt, schlechte Stimmung erlaubt
wurde befördert, meiner Karriere steht nichts mehr im Wege
aber bei der Bluse fehlt ein Knopf, der Pessimismus will Pflege
den Schulabschluss in der Tasche, was für ein toller Tag
aber was mache ich jetzt? Kein Lob, weil ich alles hinterfrag
ich konnte endlich das Projekt beenden, sieht super aus
und das andere? Was, worauf willst du hinaus?
Ich dachte, ich habe es verlernt, doch ich kann es noch
du hast Wichtigeres zu tun, als die schlechte Laune ankroch
ich habe es wirklich geschafft, mein großer Traum wurde wahr
vielleicht freust du dich jetzt, wie ist es in einem Jahr?

Mehr Lohn für mich, habe mich durchgesetzt
aber den Zug verpasst, die Negativität angehetzt
die Menschen zufrieden, der Applaus für mich
toll, genau jetzt lässt mich mein Laptop im Stich
ein großer Kunde an Land gezogen, es scheint zu laufen
zurück im Alltag, wie bewältige ich diesen Wäschehaufen?
Denn auch wenn ein großes, schönes Ereignis eintrifft
verderben wir unsere gute Laune mit nur einem Tropfen Gift
so wird nie jemand von uns komplett glücklich sein
ignoriert diese blöden Dinge, lasst sie nicht hinein
schätzt die gute Laune, alles andere nicht relevant
denn wer braucht schlechte Laune? Das verdient niemand
lieber fülle ich mein Herz mit Momenten der Freude
bevor ich die Zeit mit Schlechten vergeude!

Drogen

Unmengen dafür ausgegeben, eine veränderte Sicht
von Glück durchströmt, das Leben ein Gedicht
weil es mir besser geht, redet man sich ein
ich will mutiger, ich will glücklicher sein
lass die Schüchternheit fallen, jetzt komme ich
die mutig-machende Droge lässt mich nie im Stich
nur eine kleine Tablette und mir gehört die Welt
weil eine kleine Tablette mein Leben zusammenhält
Partys noch nie so gut, jetzt kann ich sogar tanzen
flirten geht auch besser, pflege unzählige Romanzen
und auch meine Arbeitsleistung profitiert enorm
kann es nicht glauben, war noch nie so in Form
die Kopfschmerzen nur ein kleiner Nebeneffekt
damit kann ich leben, wird easy weggesteckt
die komischen Essgelüste verschwinden sicher auch
esse einfach nur dann, wenn ich es wirklich brauch
schlaflose Nächte, nutze eben die gewonnene Zeit
Schlaf hat sich auf der Prioliste nach unten gereiht
mache mich ans Werk, Leistung und Dosis mal zwei
warum nicht schon früher angefangen, endlich frei!
Ein Song, ein Gedicht, Schreiben ging noch nie so gut
einfach hergezaubert aus meinem Gedankenhut
die Schublade auf, eine sollte noch gehen
doch die Schublade leer, keine Pille zu sehen

ohne Stoff und mein Dealer nicht in der Stadt
wollte es fertigschreiben, das angefangene Blatt
die Stunden vergehen, die Wirkung lässt nach
der Moment, als auch die kreative Verbindung abbrach
irgendwie fühle ich mich schlecht, werde krank
bin das ich oder woher kommt dieser Gestank?
Mein Shirt nassgeschwitzt, wird wohl Fieber sein
mein Körper schmerzt, ich könnte schrein'
was ist los? Was passiert mit mir?
Kraft verloren, krieche auf allen vier
schaffe es zum Computer, Symptome eingegeben
Ergebnis schnell gefunden: die Drogen in meinem Leben
Entzugserscheinungen, der Körper in einer Gefängniszelle
weil Drogen gierig sind, die schlimmste Todesquelle
nie mehr werde ich eine Pille schlucken
schon daran denken lässt mich zusammenzucken
den Entzug überstanden, danke für die gegebene Kraft
komplett gesund, was der Wille doch alles schafft
denn auch ohne kann ich tanzen, flirten und schreiben
ich muss mich nur bemühen, auf diesem Weg zu bleiben
denn das Erschaffen unter Drogen ist gar keine Kunst
es ist nur das Abbild der Droge zu deiner Gunst
eine Droge kann nicht retten, sie kann nur zerstören!
Wer nie beginnt, braucht auch nie damit aufzuhören

Hunde, die besseren Menschen

die Haustüre aufgemacht, ein Wollknäuel springt auf dich zu
als hätte er das Christkind gesehen, doch der Grund bist du
der Schwanz gewedelt, die Zunge rausgestreckt
weil dein Anblick seine Glücksgefühle aufweckt
ja das ist der tolle Besitzer, für ihn die beste Person
aber wer einen Hund hat, weiß das sicher schon
damit man das auch spürt, wird ordentlich Liebe verschenkt
denn ein Hund liebt viel mehr, mehr als man denkt
wenn es einem nicht gut geht, traurig auf dem Sofa sitzt
spürt dein Hund sofort, tröstend kommt er angeflitzt
immer ein offenes Ohr für dich, auch wenn er nicht spricht
allein das Sprechen nimmt von den Schultern Gewicht
mit seiner Zunge in deinem Gesicht überall Spucke verteilt
weil ein Hund sogar psychische Krankheiten heilt
und dann will er nach draußen, weil auch er mal muss
springt fröhlich umher, jetzt ist es auch für dich ein Genuss

nicht wirklich nachtragend, auch wenn deine Laune schlecht
verbreitet lieber Glück, denn die Liebe bleibt echt
er ist dein bester Freund, liebt und beschützt
dir unendlich dankbar, wenn du den Ast zum Spielen benützt
er will nicht viel, nur deine Aufmerksamkeit
gibst du sie jemand anderem, verspürt er Neid
sehr sensibel, sein Herz aus Gold
der typische Hundeblick, wenn er dich anschmollt
aber so einfach gestrickt, wollen wirklich nicht viel
sind mit allem zufrieden, einem simplen Wurfspiel
schenke etwas Liebe, du bekommst das Dreifache zurück
ein Hund liebt dich so wie du bist, bist sein ganzes Glück
weil wir uns von Hunden eine Scheibe abschneiden müssten
die Welt in deren Augen besser, wenn die doch nur wüssten

Drinnen im Warmen

hier sitze ich nun drinnen im Warmen
kalte Luft lasse ich draußen, fällt nicht besonders schwer
es atmet sich so auch leichter
denn kalte Luft ist gefühllos und leer

Warme gibt Geborgenheit, die Grund mir unbekannt
vermutlich, weil Kalte dich irgendwie leiden lässt
die Warme geschmeidig deinen Körper um schmiegt
dich wärmt und beschützend hält fest

weil es so viele Dinge gibt, die geben und nicht wollen
wir sind manchmal einfach nur zu blind
denn eigentlich müssten wir die Augen viel mehr nutzen
ist leider nicht so einfach bei dem schnellen Weltwind

aber diesen kann man auch kurz anhalten
vom Zug absteigen, ein tiefer Atemzug
dann sieht man auch die kleinen Dinge wieder
denn sie sind zwar klein, aber sie tun gut

in meinem Ohr Ludovico Einaudis fabelhafte Töne
das ist schön, kleine Dinge brauchen wir
bringt auch Fröhlichkeit, schafft ein Lächeln
für uns nicht von Bedeutung, uns leitet die Gier

und erst jetzt bemerke ich, dass es dunkel wird
geliebte Sonne, wo willst du hin?
Niemand hat gesagt, du sollst schon gehen
jetzt wird es nochmals kälter, zum Glück bin ich drin

es ist ja Winter, da bleibt nicht viel Licht
dafür habe ich ja Lampen an den Decken
auch diese geben irgendwie Geborgenheit
weswegen wir so viel Aufwand in Wohnungen stecken

aber so soll es auch sein, es ist dein zu Haus
dort soll man sich entspannen mit ausgestreckten Armen
denn draußen ist es jetzt kalt und dunkel
zum Glück sitze ich drinnen im Warmen

Mama

für mich auch ohne Titel der beste Doktor
das ist sie jetzt und war sie auch davor
wäre sozial flüssig, würde das durch ihre Adern fließen
in ihrem großen Herz könnte man die Welt einschließen
immer ein offenes Ohr, bei der Arbeit und zu Haus
ihre Küche, wirklich immer der beste Schmaus
fürsorglich, bin für immer ihr jüngstes Kind
ich find es schön, weil nicht alle so fürsorglich sind
großzügig ist sie auch, nie gehe ich mit leeren Händen
weil man auch auf diese Art kann Zuneigung spenden
tolerant, hat mich immer versucht zu verstehen
würde sich bei all meinen Fehlern niemals wegdrehen
nicht ganz erfreut, mit den Tattoos, die meinen Körper zieren
sorry Mama, werden nicht weniger, das kann ich garantieren
nie vergesse ich ihr Gesicht, als ich von zu Haus verschwand
doch zum Glück aus Entfernung noch mehr Nähe entstand
denke ich an sie, fällt mir nur eine kleine Macke ein
werde ich aber nicht sagen, bin nicht so gemein
nur ein Tipp: Brot – sie weiß schon, was ich mein

die Pisten rast sie runter, über Schnee, über Eis
bei einem Wettrennen gewinnt sie sicher den ersten Preis
30 Jahre älter, trotzdem beweglicher als ich
super für sie - eher weniger für mich
eine verrückte Seite hat sie auch, aber alles mit Maß
hat sie diese Phase, haben alle rundherum Spaß
unterstützt mich in jeder Lebenslage
hat immer eine Antwort auf meine Frage
auch bei meinem Traum bietet sie Hilfe an
weil eine Mama wirklich alles kann
vom ersten Tag an ist sie hier
unendliche Liebe, ein Teil von dir
wie schön sie ist, müsste ich eigentlich nicht vermerken
versucht dich mit jedem Wort noch mehr zu stärken
ein Mensch, den ich in meinem Leben immer brauch
klingt, als wäre sie die Beste – das ist sie ja auch!
Danke Mama!

Entscheidungen

und auf einmal da, so viele Fragen
saugen dich aus, weil sie an dir nagen
bringen Schwierigkeiten, bringen Qual
A oder B, es ist deine Wahl
die Fragen hören nicht auf, sie bleiben nah
kannst dich nicht verstecken, sind trotzdem da
so oder so? Machen oder nicht?
Welche Wahl hat mehr Gewicht?
Schwarz oder Weiß, kann nicht entscheiden
wer es nicht tut, wird ewig leiden
auf Risiko oder doch aus dem Bauch heraus?
Eine Entscheidung treffen sieht immer so einfach aus
was sagt der Kopf, was sagt das Herz?
Bringt es mich wirklich vorwärts?

Welche Konsequenzen wird es mit sich tragen?
Warum lassen wir uns so von Entscheidungen plagen?
Was würde sich ändern, was wird sein?
Freie Laufbahn oder im Weg ein Stein?
Entscheide dich und du wirst sehen
vielleicht ändert es nichts, wird auch vergehen
vielleicht aber auch alles, kannst du nicht wissen
vielleicht wird dein ganzes Leben umgeschmissen
und trotzdem kannst du es nicht ignorieren
weil sie sonst dein ganzes Leben verzieren
Erlösung kommt erst, wenn die Wahl getroffen
was passiert, kein Plan, man kann nur Gutes hoffen

Los Angeles

eine Stadt vollgepumpt mit Magie
das Zentrum der Kunstindustrie
Menschen, die ihr den Titel verlieh
als wäre Erfolg dort eine Garantie

Strände, Hochhäuser und schöne Natur
in dieser Stadt hat man Abwechslung pur
Sommer, Sonne, eine glückliche Kultur
dort geht es mir besser, auf was warte ich denn nur?

Alles vollgepackt mit Kunst in aller Art
ein gesunder, ein toller Lebensstandard
jede Karriere findet dort ihren Start
wirklich was verpasst, wenn ihr nie dort wart

Stars in jedem Geschäft, die Kamera glüht
an jeder Ecke Inspiration versprüht
weil eine Blume dort schöner blüht
ist gut für dich und dein Gemüt

vom Tellerwäscher zum Millionär, der Ami-Traum
in LA ist das ganz leicht, man glaubt es kaum
für jedes Ziel ist Platz im kreativen Stadtraum
versuch es, pflanze dort deinen Lebensbaum

doch wie viel davon gelogen ist, wird nicht gesagt
weil man so was Schönes auch nicht hinterfragt
denn zu lästern zeigt den Neid, der an dir nagt
und keiner will sehen, wie man diesen mit sich trägt

man sagt immer in LA wäre alles leicht
als hätten alle in Sekunde ihre Ziele erreicht
weil man die schlechten Sachen lieber wegstreicht
und nicht vom Positiven abweicht

dass die Leute dort auch hart arbeiten, davon weiß keiner
die Chancen zum Erfolg sind bei uns auch nicht kleiner
sonst wäre in LA jeder Sänger oder Designer
alle wären reich, der Erfolg wieder allgemeiner

LA ist wunderschön, nicht falsch verstehen
aber unsere Leute haben auch gute Ideen
tolle Karrieren können auch hier entstehen
man muss es nur versuchen, auf Risiko gehen

denn wir vergessen, die Menschen sind auch hier toll
behandelt sie auch so, jeder ist gleich wertvoll
Träume sind wichtig, weil man sie leben soll
weil ich alleine meine Karriere vorwärts roll

lebt die Künste aus, die tief begraben in euch liegen
stolz, wenn wir gegen den Schweinehund siegen
seid fair und respektvoll, ohne gemeine Intrigen
vielleicht können wir so ein eigenes LA herkriegen

Unterschied ist der unsichere Gedanke, der im Kopf beginnt
bis er größer wird und dein Traum zerrinnt
nicht in LA, weil die Menschen dort mutiger sind
sei es auch, lass die mitreißen vom Calilife-Wind

Der Skorpion

passiert selten, aber der Stachel wird schon mal gezückt
wenn dann richtig, sodass der Angriff auch sicher glückt
denn seine Gier nach Macht soll auch jeder sehen
verbissen wie er ist, kann er sich nicht wegdrehen
wenn nicht alles klappt, gibt es auch eine pessimistische Seite
dann sucht das Gegenüber auch mal gern das Weite
sarkastisch sind sie auch, nicht immer zur richtigen Zeit
ihn hintergehen, keine gute Idee, die Rachsucht schreit
doch genug mit den Schwächen, Stärken hat er viel mehr
Skorpion ein Wasserelement, Wasser liebt er wirklich sehr
ein guter Partner mit ganz viel Leidenschaft
baut dich schnell wieder auf mit seiner Willenskraft
Geheimnisse, die man ihm preisgab
sehr gut aufgehoben, nimmt er mit ins Grab
der Ehrgeiz begleitet ihn durch das ganze Leben
entschlossen wie er ist, kann er nicht aufgeben

mit seinem kreativen Denken
kann er der Welt manch Wunder schenken
instinktiv sieht er auch mal hinter die Fassade
analysiert alles, da kennt er keine Gnade
Loyalität fest mit den Werten verschnürt
auch wenn es wirklich nicht jedem gebührt
Risiko im Wortschatz nicht auffindbar
furchtlos, kämpft er gegen jede Gefahr
zuverlässig, ebenfalls ein guter Charakterzug
mutig, fleißig und auch klug
gefällt etwas nicht, sagt er das direkt heraus
mit dieser Eigenschaft kommt nicht jeder aus
engagiert, belastbar, zäh, alles mit sehr viel Kraft
man wäre erstaunt, was so ein kleiner Skorpion alles schafft
aber die Größe sagt nichts über die Stärke voraus
ein großer Elefant hat auch Angst vor einer kleinen Maus

Dankbar

sei dankbar, für jede Mahlzeit, die du isst
sei dankbar, für jeden Menschen, den du triffst
sei dankbar, für jeden guten Moment, den du erlebst
sei dankbar, wenn du vor Glück fast schwebst
sei dankbar, für jeden Sonnenstrahl, der dich küsst
sei dankbar, für jeden Freund, der dich vermisst
sei dankbar, für das schützende Dach über deinem Kopf
sei dankbar, für jeden gut gefüllten Kochtopf
sei dankbar, für jedes Lächeln, das man dir schenkt
sei dankbar, wenn jemand an deine guten Taten denkt
sei dankbar, für das saubere Wasser aus dem Hahn
sei dankbar, für jedes erfüllte Ziel auf deinem Plan
denn es gibt Menschen, die haben nicht einmal ein Haus
sie leben auf der Straße, sie machen das Beste daraus

keine Freunde, kein Essen, kein schönes Leben
sie müssen nehmen, können selbst nichts geben
und trotzdem sind es die Reichen, die unzufrieden scheinen
die sich über jeden Fehler beschweren, auch über die kleinen
die bei allem im Leben das Schlechte rauspicken
ist auch einfacher, als auf das Gute zu blicken
doch auch wenn man nicht allen etwas zurückgeben kann
sei wenigstens dankbar, sonst bereust du irgendwann
denn eines Tages wird die Gesellschaft verdreht
dann ist es die reiche Partei, die nach Hilfe fleht
die Reichen werden arm, die Armen werden reich
und auf einmal bist du nur noch ein kleiner Fisch im Teich
also wenn du nicht helfen willst, bedanke dich – jedes Mal
genug würden mit dir tauschen, sie hatten nur nie die Wahl

Die lieben Autofahrer

dieses Thema hat sehr viele meiner Nerven verbraucht
auf einem Level der Aggressivität, dass der Kopf schon raucht
ich erzähle nun eine weniger schöne Geschichte
schon beim daran denken, macht sie die gute Laune zunichte
ich erläutere nun das Verhalten mancher Autolenker
denn auf der Straße sind nicht alle die klügsten Denker
es gibt Fahrer, die wenn du überholen willst, aufs Gas gehen
das Genie der Straße, so lässt man einen Stau entstehen
oder jene, die denken, 30 km/h zu schnell ist noch Toleranz
pfeffern an dir vorbei, siehst nur noch den Rücklichtglanz
dann die, die mit kaum Abstand hinter dir kleben
wenn ich Bremse, riskiere ich damit unser beider Leben
der andere so langsam, ich kann daneben laufen
als könnte man den Führerschein im Kiosk kaufen
oder die, die sich direkt vor dir wieder einreihen
Rückspiegel ist nur Zierde, ich könnte schreien
bei teuren Autos wohl kein Geld mehr für den Blinker
ohne den zu bedienen, fahre ich eben flinker

bei schlechtem Wetter Licht? Braucht nur unnötig Saft
ich kann euch ja sehen, untersucht doch eure Sehkraft
die, die falschrum zur Säule fahren und tatsächlich tanken
bisher nur Männer erwischt, keine feministischen Gedanken
die mit den riesen Kutschen, aber das Parkfeld verfehlen
ich mag Autos auch, aber ich würde ein kleineres empfehlen
fahren in den Kreisverkehr, ohne zu schauen, ob noch Platz
hier kommt meine Hupe sehr gerne zum Einsatz
ich sage hier nicht, dass alle so fahren, wie oben steht
aber es sind unheimlich viele auf diesem Planet
vorausschauend fahren wäre mal wieder angebracht
denn am Ende bist du der Trottel, wenn es wirklich kracht
ich behaupte nicht, ein besserer Fahrer zu sein
aber mein Kopf ist dabei, wenn ich steig ins Auto ein
funktioniert super, sollte jeder mal probieren
ich würde nicht wollen, ein fremdes Leben riskieren!

Die Gesellschaftsregeln

und dann sagen sie „sei du selbst" aber nicht zu viel
sei lustig, fröhlich, aber im unauffälligen Stil
präsentiere dich in deinem gewünschten Licht
aber blaue Haare? Blaue Haare gehen nicht
nur schwarz angezogen, zu wenig bunt
bist du traurig oder was ist der Grund?
Tattoos okay, aber ja nicht an den Händen
findest keinen Job, weil die Chefs das nicht gut fänden
lebe deine Liebe, doch lass sie aus dem Internet
wirst doch für jeden zum perfekten Zielbrett
sei du selbst, aber bitte mit anderen Freunden
lass dir nicht von denen deine Zeit vergeuden
ich mag dich gern, aber dein Musikstil floppt
hör das nicht mehr, wirst ja noch bekloppt

mit dem Piercing bestimmt als asozial abgestempelt
je in deinem Leben die Ärmel hochgekrempelt?
Dein Hobby Zeitverschwendung, hör damit auf
bringst nur schlechte Kunst in Umlauf
sei du selbst, aber deine Meinung ist echt dumm
du stehst alleine da, sieh dich doch mal um
Schreiben als Beruf? Hol dir vernünftige Arbeit
ich bin es nicht, der dir später das Geld leiht
sei du selbst, haben sie gesagt
aber bloß nicht der, der etwas wagt
sei du selbst, aber nicht zu viel
sei du selbst, aber im unauffälligen Stil

Menschensdenken

traurig, dass man wochenlang für eine Prüfung lernt
und sich bei gutem Resultat gleich von der Freude entfernt
traurig, dass ein Musiker ein Jahr für sein Album braucht
und es nach kurzer Zeit wieder in den Hintergrund taucht
traurig, dass ihr euch nach Jahrzehnten euer Traumauto gönnt
und dann nach zwei Jahren nichts mehr damit anfangen könnt
traurig, dass ein Autor ewig an seinem Buch schreibt
und nach dem Lesen kein Gedanke mehr dafür übrig bleibt
traurig, dass man sich wochenlang auf den Urlaub freuen kann
und im Nachhinein nicht schätzt, man denkt nicht mehr daran
traurig, dass Filme so viel Arbeit sind zu einem hohen Preis
und der Zuschauer den Aufwand nicht zu schätzen weiß
traurig, dass wir Menschen über andere Berufe lachen
und in Wahrheit nur eifersüchtig sind, weil wir es nicht machen

traurig, dass man im Nachhinein immer schlauer ist
und dass, obwohl man vorher schon weiß, es ist Mist
traurig, dass wir so viel denken, aber es nicht sagen
und dann schlafen gehen mit allen unbeantworteten Fragen
traurig, dass wir uns immer selbst das Leben erschweren
und dass, weil wir zu gehemmt sind, uns mal selbst zu ehren
traurig, dass man für alles den anderen vorschickt
und dann aber bei deren Erfolg trotzdem austickt
traurig, dass man außerhalb der Komfortzone nichts bestrebt
und dann aber meckert, dass man keine Abenteuer erlebt
traurig, dass wir bei Menschen das Komplizierte voraussetzen
doch wenn es einfach wäre, wüssten wir es auch nicht zu
schätzen

Provokation

schämt die sich nicht mit dem tiefen Dekolleté?
muss sich nicht wundern, wenn ich die Augen verdreh
hast du gesehen, die hat grüne Haare auf dem Kopf
geh lieber weiter, bevor ich dir einen Sack drüber stopf
die traut sich was mit dem kurzen Abendkleid
wenn sie dumm angemacht wird, tut die mir nicht leid
die andere ladet so schlimme Bilder im Internet rauf
Sex Sells, mehr sehe ich hier nicht drauf
und dann redet sie wieder in so vulgäreren Worten
wäre das mein Kind würde ich es zu Hause horten
dort drüben die Rüpel mit den zerrissenen Hosen
wie sie arrogant und überheblich rumposen
schon mal überlegt, dass sie das machen wegen dir?
Reine Provokation in ihrem Visier

und so Menschen wie du, mit diesen dummen Blicken
das wollen sie erreichen, Regeln im Keim ersticken
sie pushen sich mit diesem Geglotzte und Geläster
wenn du über sie redest mit deiner ‚normalen' Schwester
vielleicht wollen sie einfach etwas anders sein als der Rest
weil sie die ‚Norm' nicht akzeptieren, ihr Ausdruck ein Protest
sie kämpfen für den freien Willen und Individualität
und du? Statt helfen werden böse Blicke ausgesät
denn sie versuchen nur sich vom Standard zu unterscheiden
was ist denn daran bitte so schlimm?
Lass sie sich doch anders kleiden
juckt mich auch nicht, obwohl ich nicht immer zustimm'
auch du kannst tun und lassen, auf was du Lust
ohne, dass du mit verurteilenden Blicken leben musst

Der Erfolgsberg

und dann stehst du davor, die Sicht versperrt
da willst du rauf? Ist es das wirklich wert?
So weit nach oben, die Sonne auf der anderen Seite
hin- und hergerissen, weil ich mit den Gedanken streite
versuchen kann ich ja, was habe ich zu verlieren?
Könnte höchstens eine Lehre fürs Leben kassieren
doch die Straße nicht bekannt, laufe blind hinauf
ich kann das nicht, da komme ich niemals rauf
der Weg streng, die Sturzgefahr enorm
das schaffe ich nicht, zu wenig in Form
die Kräfte verlassen, die Laune gekippt
das Gefühl von Aufgeben, das an die Schulter tippt
jetzt soll ich auch noch quer durch den Wald?
Da ist aber kein Weg, hier habe ich keinen Halt?
Warum denn ein neuer Weg, wenn schon einer hier?
Das wäre unnötige Arbeit, die ich investier
Und dann auch noch den steilen Weg bis zur Spitze?
Wie denn, wenn ich keine Kraft mehr besitze?
Das kommt nicht gut, gehe lieber wieder runter
bevor noch ein Stein fällt und ich stehe drunter
denn dafür wäre ich erst recht zu schwach
dreh um, weiß eh nicht, wofür ich das mach
und genau das war der falsche Entschluss
weil es bei Menschen immer einfach sein muss

kaum etwas Zeit und Aufwand eingesetzt
erwarten wir ein Resultat und zwar gleich jetzt
Risiko vermeiden, den sicheren Weg gewählt
weil Sicherheit nun mal immer zählt
dass man so die Spitze nicht erreicht, daran je gedacht?
Weil nur der Wille dich wirklich erfolgreich macht
wenn der nicht da, kommst du nicht voran
und du bereust das Aufgeben irgendwann
denn erst an der Spitze kann man den Erfolg auch sehen
allen anderen wird der schöne Ausblick entgehen
denn Erfolg ist wie der Berg in ferner Sicht
versperrt dein Glück, versperrt das Licht
oben du weißt, die Aussicht aufs ganze Land
doch raufgehen? Das ist mir zu viel Aufwand
ich will oben stehen, lass mich den Erfolg doch spüren
aber ohne auch nur den kleinen Finger zu rühren
das sind wir Menschen, jeder will an der Spitze sein
doch der geopferte Aufwand dafür bleibt klein
wenn du das wirklich willst, dann kämpfe dafür
so, dass auch ich dein Kämpfen spür
auch wenn der Weg hart, gib niemals auf
denn nur so kommst du auch wirklich hinauf

Doppelt gebrochen

die unreale Magie auf einmal erschienen
nicht gesucht und trotzdem gefunden
sie bleibt, sie wird lange Zeit dienen
geheilt, auch die unsichtbaren Wunden

fast 5 Jahre das Herz großzügig beschenkt
so viel Positives, nicht zu erklären
doch die Zeit abgelaufen, die Liebe gesenkt
Schicksal wollte die Herzen nicht mehr nähren

Wunden entstehen, der Schmerz sitzt tief
Hoffnung verdunkelt, über Tage, über Wochen
es war an der Zeit, es ging nicht schief
doch das Herz schwach, es war gebrochen

den Sommer gelitten, ein unwohler Magen
das Lächeln nicht verlernt, es war verloren
die rasenden Gedanken nicht zu ertragen
glückliche Momente mit Schmerz durchbohren

doch die Kraft mit Zeit erneut errichtet
Kopf angehoben, mein Ziel geradeaus
die Zweifel mit Stärke vernichtet
mein Leben wertvoll, mach was draus

Glück in Sicht, mein Herz erneut gestohlen
Lebensfreude innert Sekunden aufgebaut
mit Liebe all das Gute zurückholen
Negatives wurde leise, Positives laut

Mauer abgelegt, Risiko erlaubt
verwundbare Seite mutig dargestellt
meine Belohnung, das habe ich geglaubt
der Punkt, an dem die Welt zusammenfällt

alte Wunden, mit neuen vereint
ein schwaches Herz ist schnell zerstört
die helle Seele nicht mehr scheint
die positive Stimme überhört

gebrochen, nicht das Herz, die ganze Person
das Loch dunkel, die Gedanken auch
gestrandet an dieser schlimmen Position
verzweifelt, müde, ein lebloser Bauch

doch die Gedanken in den Abgrund sogen
habe das eigene Bauchgefühl ignoriert
die Gefühle des Gegenübers vorgezogen
nur damit ihr Gesicht ein Lächeln ziert

was ich daraus zu lernen habe, ist nun klar
auf mich selbst zu hören der richtige Weg
meine Intuition erkennt jede Gefahr
nur für die Richtige die Mauer ableg

doch das sagt sich jetzt so leicht
mein Herz wird immer warm bleiben
einmal verliebt, die Warnung verstreicht
Liebe alles für mich, lass mich davon treiben

ob das Herz ein weiterer Bruch erträgt
im Moment glaube ich wohl nicht
doch die riskanten Dinge das Leben prägt
Liebe oder Einsamkeit, was hat wohl mehr Gewicht?

Die kleinen Dinge des Lebens

du hörst das lachende Kind in der Ferne
denn das Lachen der Menschen hört man gerne

der Jubel deines Nachbars nach dem erfolgreichen Telefonat
denn seine Freude ändert auch deine Stimmung um 180 Grad

das hohe Ziel, dass deine Schwester endlich erreicht
weil auch dir ein stolzes Lächeln über die Lippen weicht

der Sonnenuntergang, der das Meer zum Spiegel macht
der Frieden auf Erden, eine wunderschöne Pracht

der Mond, der auch bei Nacht ein Licht dir schenkt
wenn er dich sicher bis nach Hause lenkt

der Autofahrer, der dich freundlich über die Straße lässt
denn auch das verschönert deinen Tagesrest

das Lob von Freunden, dass du heute auffasst
weil du auch sehr viel dafür gearbeitet hast

die Person, die dir an der Kasse den Vortritt ließ
und ich damit einen Tag glücklicher abschließ'

der Lift, der ein Fremder für dich offenhält
und dir somit kein Hindernis in deinen Weg stellt

das Funkeln in den Augen deines Gegenüber
die positive Atmosphäre reicht bis zu mir rüber

der Freund, der dich nach dem Fall wieder hochpusht
und dir ein dankbares Gefühl durch den Körper huscht

ich könnte ewig weitere Beispiele aufs Blatt bringen
beim Umsehen mir ständig neue ins Auge springen

es passieren so viele schöne Sachen jeden Tag
man übersieht es, weil es unwichtig erscheinen mag

doch auch diese kleinen Dinge tragen zum Glück bei
wenn ich mich nur von diesen hohen Ansprüchen befrei

denn dann ist die Welt wieder wie sie sein muss
auf der Pro-Kontraliste so was Kleines auch ein Plus

fang an solch kleine Dinge in der Welt zu verbreiten
das kleine Glück, für den Ersten und auch den Zweiten

denn Toleranz, dein Lächeln, die Hilfe für den fremden Mann
genau das brauchen wir, das steckt auch andere an

Meine Kindheit

und auch ich ein stolzes 90er Jahre Kind
weil wir noch im Sandkasten aufgewachsen sind
keine Smartphones, die digitale Welt völlig fremd
bei neuen Technologien hat man eher abgeklemmt
soziale Netzwerke, was soll das denn bitte sein?
Komm, spielen wir lieber Schere, Papier und Stein
Schuhe im Sommer überflüssig, Sohlen schwarz wie die Nacht
dreckige Füße – egal, man hat nicht darüber nachgedacht
doch Barfuß nur wenn kein R im Monatsname
man hat wirklich darauf gehört, das war das wundersame
zum Spielen einen Termin? Einmal klingeln hat gereicht
morgens raus, abends zurück, ach, es war so leicht
Kinder in der Nachbarschaft, das größte Geschenk
keine Schmerzen, ignoriert das aufgeschlagene Handgelenk
die Straßen von den Kindern mit Fahrrädern bewacht
alles, was man konnte, hat man einander beigebracht
und dann im Sommer das schlimmste der ganzen Kindheit
deine beste Freundin im Urlaub, zwei Wochen eine lange Zeit

alleine zurückgelassen, das Herz zerbrochen
wie soll ich sie überstehen, die nächsten Wochen?
Und wenn sie dann zurück, natürlich alles wieder gut
gleich zum Spielen abgemacht, weil man das eben so tut
und weil man jede Minute zusammen verbringen musste
waren getrennte Nächte wirklich große Verluste
also doch zusammen übernachten, aber frag doch lieber du
dann sagt meine Mutter ganz bestimmt eher zu
man kannte jeden Trick, die Gegend gehörte dir
geklettert, gespielt, wir lebten im Jetzt und Hier
Kleidung kein Thema, Hauptsache du hattest welche an
der Rest nicht wichtig, hatten kein Interesse dran
lieber ist man geklettert auf den höchsten Baum
nichts dabei gedacht, Ängste hatte man kaum
und irgendwann deinen Namen gehört aus der Ferne
Mama rief dich Heim, das hörte man nicht gerne
doch der nächste Tag kam, deine Freunde wieder am Start
weil ihr damals, ohne nachzudenken, einfach glücklich wart

Ein Teil dieser Welt

lass mich ein Teil davon sein
ein Teil von diesen freien Emotionen
wenn ich vor Glück fast wein
schenke mir dieses selbstlose Gefühl
in seiner Vollkommenheit, so rein

ein Teil von dieser Freude, wie sie wenige spüren
wo Wunder passieren, einfach so
wo Motivation deine Triebe anführen
einfach Handeln, ohne zu denken
lass mich die Herzen der Menschen berühren

lass mich von Leichtigkeit leiten
in einer Welt, schwer wie Stahl
doch gefüllt mit Gutem, all deine Seiten
ein Teil von Zielen, die erreichbar scheinen
weil man über jeden Stein kann schreiten

ein Teil der entschlossenen Atmosphäre
wo jeder seinen Platz, ohne zu sparen
weil es doch eigentlich so einfach wäre
etwas egoistisch sein, mit Maß
verständlich, ohne, dass ich es erkläre

lass mich leben, ohne Angst vor dem Glück
in einer Welt, wo gönnen kein Fremdwort ist
weil der Kuchen hat für jeden ein Stück
dieser Liebe, die alle spüren sollten
ohne Reue, denn es gab nie ein Zurück

ein Teil von dieser kreativen Welt
wo Ideen sprühen, fast schon zu viel
doch diese eine Idee das Gute zusammenhält
wo Gesagtes auch Gehör findet
wo jeder auf seine Weise einzigartig auffällt

lass mich lieben, weil nur das im Leben zählt
frei von Vorurteilen, frei von allem
weil nicht immer alles kommt, wie man es wählt
doch die Liebe immer bleibt
wo Herzen offen sind, wo Seelen bleiben ungequält

ein Teil, wo man nur Positives vorfand
nicht ganz, aber der Rest nicht wichtig
miteinander, verlässlich Hand in Hand
lass mich ein Teil davon sein
von dieser realen Welt, wie sie einmal bestand

Radikale Ehrlichkeit

aufgewacht in einem Ort mir nicht bekannt
mein neues zu Hause, ein Dauerzustand
die Kontrolle, sie glitt aus meiner Hand
kein Bezug, hier ist niemand

ein Job für mich ohne Sinn
das war vom Ende der Beginn
laufe weiter, wo sind alle hin?
Zeit, eine grausame Meisterdiebin

Liebe verteilt an jedermann
denn das braucht jeder irgendwann
doch bei mir selbst kam sie nie an
weil ich mir selbst keine geben kann

sensibel, mein Herz ständig zerreißt
der Schmerz, mich zu Boden reißt
Hilfe angeboten, was auch immer das heißt
solange es deine Wunden zusammenschweißt

die Situation quält, Negatives vermehrt
immer erreichbar, die Schwelle überquert
zu heilen, mir selbst erschwert
das bin ich mir selbst einfach nicht wert

für was kämpfen ohne richtiges Ziel
bin nicht der, dem das Glück zufiel
der schwächste Spieler in diesem Spiel
der Gedanke, mein Traum stiehl

das Lächeln der Menschen alles für mich
meine Loyalität nie von der Seite wich
weil ich jedes Problem mit dir besprich
nur mich selbst lasse ich zu oft im Stich

Positives verteilt, für eine bessere Welt
weil das Gute alles zusammenhält
sich selbst in den Hintergrund stellt
doch so von hinten die anderen erhellt

Schwarz und Weiß

ich will nichts tun und mein Leben genießen
aber faul sein möchte ich nicht
ich will mich den Entspannten anschließen
aber ein bisschen Stress ist trotzdem Pflicht

ich will jeden Tag feiern bis spät in die Nacht
aber früh aufstehen will ich auch
ich will Freunde, gewählt wohlbedacht
aber es ist auch Zeit, die ich alleine brauch

ich will viel Luxus und noch mehr Geld
aber nicht zu viel der materiellen Magie
ich will der sein, der die Fäden zusammenhält
aber daran ziehe würde ich nie

ich will korrekte Menschen, die ehrlich sind
aber Schlechtes will ich nicht hören
ich will ein Mensch, der auch mal was beginnt
aber nicht schneller als ich, das würde mich stören

ich will ins Paradies, mit Palmen übersäht
aber günstig muss es bitte sein
ich will in einem armen Land europäische Qualität
aber viel dafür zu bezahlen sehe ich nicht ein

ich will diese wunderbare Liebe spüren
aber bitte ohne diesen Schmerz
ich will eine fehlerlose Beziehung führen
aber Langeweile will ich auch nicht für mein Herz

ich will selbstständig sein, mein eigener Boss
aber starten, weiß nicht, wie das geht
ich will der sein, der sein ganzes Leben genoss
aber bin nicht der, der über die Fehler steht

ich will mit Leuten sprechen mir völlig fremd
aber zu schüchtern, bleib lieber stehen
ich will der sein, der sich vor nichts hemmt
aber ein Risiko würde ich nie eingehen

ich will die besten Momente erleben
aber vergesse sie ins Drehbuch zu schreiben
ich will für immer auf Wolke 7 schweben
aber es ist so schwer da oben zu bleiben

und so geht es dein ganzes Leben lang
für alles was gefunden, dass dich zurückzieht
bist nie der, der von der Klippe absprang
und auch nicht dein eigenes Leben Schmied

es gibt immer Schwarz und Weiß
Entscheidungen kommen wie Ebbe und Flut
hör auf dein Herz, dreht dich nicht im Kreis
triff deine Wahl, bevor es ein anderer tut

und wenn sich weder noch richtig anfühlt
wenn ich mich nicht zu entscheiden trau
wenn Bauch und Kopf die Gefühle aufwühlt
dann mische ich zusammen und wähle einfach Grau

Liebe

Liebe ist die Kleinigkeit, die man gerne übersieht
sie ist die Melodie zu deinem Lebenslied
Liebe ist ein banaler Wunsch, den man ohne Absicht enthüllt
und am nächsten Tag der Partner den Wunsch einfach erfüllt
Liebe ist an den Partner denken und dass auch zu sagen
wenn man keine Angst hat vor unangenehmen Fragen
Liebe ist das Lächeln ohne Mühe im Gesicht
wenn nach und nach die Schutzmauer zerbricht
Liebe ist Teamwork, weil die Kräfte dann höher sind
und man gemeinsam nun mal jeden Kampf gewinnt
Liebe ist die Hand reichen, wenn man sie mal braucht
wenn man sich gegenseitig gute Energie einhaucht
Liebe ist ein offenes Ohr zu jeder Tageszeit
und somit die Wunde von ganz alleine heilt
Liebe ist Respekt, der niemals verloren geht
wenn man vertraut, ohne, dass man gegenübersteht
Liebe ist den Traum des Partners zu kennen
und zu sorgen, dass sich die zwei niemals trennen
Liebe ist ein Kompromiss, den man gerne eingeht
und man sich danach noch nähersteht
Liebe ist Ehrlichkeit, als dauerhaftes Fundament
wenn man in jeder Situation fest zusammenhält

Liebe ist Unterstützung, die einfach wird gegeben
und man nie mehr alleine ist in seinem Leben
Liebe ist, wenn dein Partner dein zu Haus darstellt
wenn er in stressigen Zeiten kurz die Welt anhält
Liebe ist Zuspruch, jede Eigenschaft wird akzeptiert
weil man sich gut kennt, weil man sich nie verliert
Liebe ist, sich zu sorgen, um das gegenseitige Gemüt
und man an schlechten Tagen gute Laune versprüht
doch Liebe ist nicht nur leicht, das hat keiner unterstellt
man sich aber nach einem Streit trotzdem in die Arme fällt
Liebe ist dieser schmale Grat zwischen Arbeit und Genuss
weil man für die Liebe auch mal etwas aufgeben muss
doch das spielt keine Rolle, das Opfer klein im Vergleich
denn was man bekommt ist unbezahlbar, man fühlt sich reich
Liebe ist eine Verpflichtung, die man einhalten **will**
denn ein kurzer Blick des Partners und die Zeit steht still
das ist für mich Liebe in seiner schönsten Form
es verändert das Leben, es verändert enorm
und wer dir das nicht geben kann, wer dich lässt abblitzen
der hat es **absolut** nicht verdient, dein Herz zu besitzen!

Bucket-List

meine Liste ist ewig, vermutlich viel zu lang
jeden Tag kommt etwas Neues, dass noch gut drauf passt
doch sie wird nicht kleiner, wenn ich nicht anfang'
also fang schnell an, bevor du keine Zeit mehr hast

meine Liste ist nicht gewöhnlich, sie ist sehr speziell
Geld und Macht hat darauf keinen Platz
noch nichts abgehakt, die Zeit läuft so schnell
wieder einen Moment verloren, als ich beende diesen Satz

vielleicht muss ich es erzählen, weil dann Druck entsteht
dann weiß jeder, was genau auf meiner Liste
und man mich dann fragen kann, wie es vorangeht
und ich nicht so tun kann, als ob ich davon nichts wüsste

ich will ein Menschenleben retten, oder besser zwei
egal wie oder auch wann, einfach nur retten
ich will der Welt helfen, auf meine Art ganz frei
ein paar der schlimmen Wogen glätten

ich will einen Bestseller, aber den Mund nicht zu voll nimmt
die Herzen der Menschen berühren mit meinen Gedichten
ich will der sein, der den Erfolgsberg erklimmt
die Menschen überzeugen von meinen Ansichten

ich will für immer ein starker Kämpfer sein
weil Aufgeben keine Option darstellt
ich will reich sein an Momenten, groß und klein
weil eine schöne Erinnerung die Seele erhellt

ich will meine Sturheit vergessen, oder eigentlich nicht
aber ich kann versuchen sie zu akzeptieren
ich will alles schätzen, ein bescheidenes, helles Licht
dankbar sein, weil meine Füße den Boden zieren

ich will Blut spenden, so oft es nur geht
nicht, weil ich es muss, sondern weil ich kann
ich will immer der sein, der dir beiseitesteht
auf ewig verlässlich, egal wo, egal wann

ich will gehört werden, ohne was zu sagen
weil in den Worten liegt meine Wahrheit
ich will deine Last auf meinen Schultern tragen
weil das Geschriebene uns davon befreit

ich will irgendwann sterben mit einem Herz aus Gold
geschmiedet aus dem Guten in mir
weil ihr euer Lächeln verschenken sollt
unlimitiert, kein Grund, dass ich es dosier'

ich will jemandes Leben verändern, ohne zu wissen
aber natürlich im positiven Sinn
ich will mutig sein, ohne es zu müssen
Fehler nicht schlecht, ich nehme sie einfach hin

ich will einen Ring erhalten und nie verlieren
weil Liebe durch die Adern fließt
ich will das Glück mit meinem Partner addieren
weil sich der Kreislauf dann perfekt schließt

in der reinsten Form will ich Selbstlosigkeit zeigen
weil die Mitmenschen dir so viel schenken
und wir manchmal zum Egoismus neigen
ohne an die Konsequenzen zu denken

ich will für immer Träume haben, unendlich viel
denn das ist für mich der Sinn des Lebens
jeden Tag kämpfen bis zum ersehnten Ziel
nichts tun sinnlos, dann warte ich nur vergebens

alles ist mit anderen Menschen verbunden
ein Teil meiner Liste, leider noch alles rot
doch irgendwann die grüne Liste mit Stolz bekunden
denn eigentlich sitzen wir alle im gleichen Boot

nun kennst du eine sehr persönliche Seite
ich werde alles schaffen, ich glaube fest
frag mich jederzeit, wie ich voranschreite
weil sich mit dieser Liste mein Erfolg messen lässt

Karma

ich dachte, Karma sorgt für Gerechtigkeit in dieser Welt
da habe ich der Bedeutung wohl was Falsches unterstellt
was du tust, kommt genauso zu dir zurück
jede Bosheit, aber auch jedes Glück
klang immer fair, habe mich daran gehalten
bis die Realitäten vor meine Augen prallten
existiert dieses tolle Karma denn überhaupt?
Oder nur ein Humbug, an den man wieder glaubt?
Ein gutes Herz, das dich nicht weiter bringt
wenn jede Tat dich trotzdem in die Knie zwingt
Glück in sich, als wäre es der Normalzustand
die anderen laufen mit dem Pech Hand in Hand
manche erlauben sich alles, Konsequenzen nicht existent
die anderen spüren das Karma noch im gleichen Moment
du bist der, dem man ständig Honig um den Mund schmiert
bei ihr reicht ein böser Gedanke, das schlechte Karma passiert
versuchst Gutes zu tun, Gegenleistung nichts geschieht
weil der Positivpol ja auch den Negativen anzieht

doch ich habe es nun trotz allem kapiert
es ist tatsächlich Karma, das die Welt ziert
Gutes und Schlechtes, beides fest mit uns verkeilt
nur eben einfach beschissen aufgeteilt
eines von beiden in dir, aber du hast keine Wahl
die Chancen gleich hoch, wie bei Kopf und Zahl
gutes Karma, schlechtes Karma, beides geht wohl nicht
ich hoffe du gehörst zum ersten, dem glücklichen Licht
welches würdest du nehmen, wenn du selbst aussuchst?
Natürlich das Gute, weil du das Schlechte verfluchst
was, wenn Schlechtes nur passiert, weil ich es zulasse?
Ist das ein verrückter Gedanke, den ich jetzt hier fasse?
Denn es geht nicht darum Gutes zu tun für eigenes Glück
nur damit ich mein reines Image damit schmück
Karma will das ich Gutes tu, weil ich gerne Freude verschenk
ohne, dass ich gleich an eine Gegenleistung denk
halte dich daran, weil das gute Karma dich erhellt
und irgendwann das Schlechte nur noch eine Illusion darstellt

Unreal real

du sitzt am Handy, deine Freundin ist jetzt Tinder
die Spielplätze leer, wo sind denn alle Kinder?
Instagram, perfektes Leben, der größte Star
im echten Leben aber nirgends auffindbar
Onlinefreunde, weil der Nachbar als Freund nicht reicht
einen Grund gefunden, dass man nicht vom Handy abweicht

das Handy, mein Glück, ich halte es fest
weil es den Alltag so schnell vergessen lässt
Ablenkung, Unterhaltung, es war noch nie so leicht
Niveau egal, solange ein Lächeln über die Lippen weicht

Konzert besucht, statt genießen wird das Handy gezückt
als Anwesenheitsbeweis, der Aufnahmeknopf gedrückt
Gespräche im echten Leben? Virtuell offline?
SMS genügt, da kann ich schlagfertiger sein
Momente erleben? Die Fiction reicht völlig aus
sonst muss ich aufstehen, der Gedanke ein Graus

das Handy, mein Glück, ich halte es fest
weil es den Alltag so schnell vergessen lässt
Ablenkung, Unterhaltung, es war noch nie so leicht
Niveau egal, solange ein Lächeln über die Lippen weicht

Google mein Freund, ich bin ein Genie
nachzudenken kostet zu viel Energie
Selbstbild verzerrt, Photoshop kein Problem
an mir zu arbeiten klingt doch so unbequem
Familie besuchen? Ein Anruf tut es doch auch
ist nicht so, als ob ich andere Menschen brauch'

das Handy, mein Glück, ich halte es fest
weil es den Alltag so schnell vergessen lässt
Ablenkung, Unterhaltung, es war noch nie so leicht
Niveau egal, solange ein Lächeln über die Lippen weicht

Witze gepostet, auch wenn ich innerlich zerbrich
ist einfacher, als wenn ich die Probleme besprich
im Facebook Leute markiert ohne Sinn
kurz gelächelt, aber fürs Leben kein Gewinn
auf Wish bestellt, viel für wenig Geld
dann über Umwelt sprechen, der wahre Held

das Handy, mein Unglück, ich halte es zu fest
weil es meine Zeit so schnell verrinnen lässt
Unterhaltung, im echten Leben nicht gelangweilt
weil sich ein ehrliches Lächeln nun mal besser teilt

Die Zeitreise

lass mich zurückgehen, zurück in der Zeit
Moment noch mal erleben, Momente der Vergangenheit
zurück in den Kindergarten, hinter dir mein Versteck
hast mich verstanden, du gingst nie einfach weg
zurück zu den Übernachtungen, wir lange aufgeblieben sind
wach bis 12, man fühlte sich unglaublich als kleines Kind
zurück zu den Backstunden, jedes Jahr ein Großprojekt
aber man wusste, dass jede Sorte fantastisch schmeckt
zurück, als ich mit der Bürste durch dein Haar rollte
ich bin sicher, dass sie einfach eine Massage wollte
zurück, als deine Zehennägel Pink das ganze Jahr
damals nicht besonders, heute der Gedanke wunderbar
zurück zum Überraschungsbesuch, wenn wir allein
vielleicht aus Sorge, vielleicht wolltest du nur bei uns sein
zurück zu deiner Kraft, Hilfe annehmen fiel nicht leicht
weil auch die Zeit des Helfers damit verstreicht
Geben war für dich eine Selbstverständlichkeit
aber zu Nehmen warst du nicht sehr oft bereit

dankbar für alles, fremde Güte immer erkannt
wenn Unterstützung gebraucht, reichst du die Hand
der Mittelpunkt war nie deins, doch du bist es hier
und zwar so lange, bis der Schmerz verarbeitet in mir
der schlimmste Schmerz, der sich in die Seele frisst
aber uns wieder zeigt, wie wertvoll du doch bist
zu gut für diese Welt, vielleicht musstest du darum gehen
trotzdem würde ich alles tun, um dich noch einmal zu sehen
um noch einmal dich als Versteck zu genießen
noch einmal neben dir die Augen zu schließen
um noch einmal deine Haare an den Händen zu spüren
noch einmal den Keksteig mit dir umzurühren
um noch einmal den Nagellack zu bekunden
noch einmal dich als Überraschungsbesuch gefunden
um noch einmal deine Liebe zu erleben
um dir endlich dasselbe zurückzugeben

Meine Angst

ich habe Ängste, wie jeder andere auch
doch das ist nicht, was dich definiert
ein schneller Herzschlag, ein komischer Bauch
Panik, Schauer, der Körper friert

ich habe Angst im Dunkeln, auch wenn nur im Raum
blind, wenn mich jemand attackiert
doch draußen spüre ich die Angst kaum

Spinnen bereiten mir die größte Panik
eine zu entdecken, ein realer Albtraum
immer wieder ein schlimmer Augenblick

nie gelebt zu haben durch eine Angst
unwissend, planlos, Leben ohne Logik
dass du nie die wahre Bestimmung erlangst

Angst, die Kontrolle verschwand
verschenkt, während du ums Leben bangst
kein retour für deinen Aufwand

Angst, zu viel Zeit zu verlieren
gleiche Stelle, wo ich letztes Jahr stand
will meinen eigenen Träumen assistieren

Angst, dass meine Liebe nicht genug
Verluste können sehr schnell passieren
denn für einen Abschied reicht ein Atemzug

Ängste, das Kämpfen aussichtslos
die Geschichte ein einziger Betrug
gehofft umsonst, was mache ich denn bloß?

Angst, niemals der Sieger, immer klein
jeder Schritt vorwärts erfolglos
doch was du glaubst, wirst du auch sein

achte darauf, welchen Gefühlen du Beachtung schenkst
Angst widerspiegelt in meinem Weg keinen Stein
füttere das Gute, an das du denkst

begrabe das Schlechte in einem Sarg
weil du so jede Angst mit Mut ertränkst
warum ich das so offen preisgebe, ist sehr karg

denn die Angst verliert dadurch jegliche Macht!

Das geteilte Ich

im Pessimismus ertränkt
doch das Glas stets gefüllt
die Hoffnung wieder gesenkt
doch der Körper geschützt umhüllt

Trauer, nie ganz erzählt
doch das Lächeln mein Freund
das Herz lange gequält
doch der Kopf mit Glück umzäunt

Träume für den Schlaf gemacht
doch der Kampf präsent
nicht bereit für diese Schlacht
doch das Feuer, es brennt

verloren, kein Platz gefunden
doch eigentlich schon entschieden
unsicher zu späten Stunden
und dennoch dort geblieben

der Kopf, die Stimme laut
doch der Bauch signalisiert
ein Gedanke, vom Schmerz geklaut
doch die Energie, sie dominiert

nach ganz oben, nicht gebührt
doch eigentlich gut genug
die Kraft wieder entführt
doch der Wille alles zerschlug

meine Worte, ohne Nutzen
doch ein Leser, er genügt
die Blätter, sie verschmutzen
doch die Unsicherheit, sie betrügt

Liebe, für mich nicht kalkuliert
doch meine Gefühle tief
Zweifel das Leben ziert
doch Kämpfen für immer mein Motiv

In deiner Hand

in deiner Hand mein Herz, sensibel, fragil
halte es fest, mehr zu verlangen ist nicht mein Ziel
in deiner Hand mein Glück, schön, riskant
bewahre es, gegeben bei klarstem Verstand
in deiner Hand meine Mauer, durchbrochen, entblößt
nicht mehr vorhanden, Existenz aufgelöst
in deiner Hand mein Lächeln, ehrlich, berührt
Traurigkeit durch die Anwesenheit entführt
in deiner Hand meine Hoffnung, stark, erhellt
durch deine Worte das Schlechte ins Dunkel gestellt
in deiner Hand meine Liebe, unendlich, vertraut
immer mehr unvergessliche Momente erbaut

in deiner Hand meine Inspiration, magisch, lebend
durch Gefühle in den Träumen schwebend
in deiner Hand meine Kraft, mutig, entschlossen
mit Stolz die Ängste unbemerkt abgeflossen
in deiner Hand mein Frieden, ruhig, vollkommen
das zu Hause erreicht, Probleme verschwommen
in deiner Hand meine Zukunft, positiv, gewollt
mit Zuversicht alle Hindernisse überrollt
in deiner Hand mein Herz, sensibel, fragil
halte es fest, mehr zu verlangen ist nicht mein Ziel

Warum

psychische Probleme, Depression eine Volkskrankheit
entstanden durch Druck, entstanden durch Neid
oder vorbestimmt? Begründet als Wandel der Zeit?
Vom System ausgenommen, geraubte Freiheit

Frau und Mann, warum denn ein gleicher Lohn?
Viel diskutiert, volle Umsetzung eine Fiktion
warum auch, Kategorisieren die bessere Option
der Mann, die Stärke, Macht bestimmt den Ton

motiviert, entschlossen, Ausbildung vermieden
versus faul und gelernt, der macht mich zufrieden
nur anhand der Schulkarriere unterschieden
Bauchgefühl, wie hättest du entschieden?

Durch Berühmtheit ein Schönheitsideal gesetzt
Gehirnwäsche, das „perfekte" Bild im Kopf vernetzt
weil es die Menschen so toll aufeinanderhetzt
unters Messer gelegt, Selbstliebe verletzt

in einer Welt, die frei sein sollte, es nicht ist
weil jeder den Erfolg mit dem Bankkonto misst
je höher diese Zahl, desto wertvoller du bist
nur an sich denkend, der Weg zum Egoist

leblos, weil man vor Herausforderungen flieht
aus Angst, das seltene Glück an uns vorbeizieht
schöne Momente verblasst, weil man sie nicht sieht
unser Alltag, die Melodie ein trauriges Lied

Selbstbewusst, doch die Hoffnung völlig fremd
weil Hoffnung keine Probleme stemmt
Risiko eingehen, lieber dankend abgeklemmt
ein Abenteuer erleben? Wir bleiben gehemmt

leben, um zu überleben, das heutige Motiv
jeder der träumt, mittlerweile nur naiv
falsch, kein Wunder, werden wir so depressiv
ab wann, sag mir wann, ging alles so schief?

Zugelassen

was, wenn alles nur passiert, weil wir so denken?
Jeder Moment unbewusst gewählt, und doch entschieden
Sicht verändert, das Leben im Glück ertränken
Wünsche und Träume berücksichtigt, jeder zufrieden

was, wenn alles nur passiert, weil wir so denken?
Jedes Lächeln gewollt in der Welt platziert
kein Muss, aus freien Stücken schenken
das Leben einfach, mit Gutem verziert

was, wenn alles nur passiert, weil wir so denken?
Liebe wunderschön, Ängste bleiben unbedacht
gewollt, die Unsicherheiten senken
mit riskanter Tat Glücksgefühle entfacht

was, wenn alles nur passiert, weil wir so denken?
Schlechtes angezogen, muss wohl Schicksal sein
das Loch tief, mühelos sich selber kränken
habe ich das verdient, bin ich so gemein?

Was, wenn alles nur passiert, weil wir so denken?
Jobabsage, bin eben für nichts gut genug
Hoffnung versagt, mit Unsicherheit ablenken
durch Fremdeinwirkung der Stolz zerschlug

was, wenn alles nur passiert, weil wir so denken?
Herz zerbrochen, wertvoll bin ich nicht
auch Zeit wird das Leben nicht einrenken
machtlos zugeschüttet, wenn Schmerz ausbricht

was, wenn alles nur passiert, weil wir so denken?
Einsamkeit das Leben prägt
Optimismus am seidenen Faden henken
weil man es alleine nicht mehr erträgt

doch was, wenn alles nur passiert, weil wir so denken?
Die Wahl tatsächlich in unserer Hand
zwischen Entscheidungen unser Leben schwenken
mit Zuversicht immer im Guten vorfand

denn alles passiert, weil wir es bewusst so wählen
ein schlechter Gedanke, ein trauriges Gemüt
die Unsicherheiten, die wir uns selbst erzählen
durch uns selbst Negatives aufgewühlt

denn das ist unsere Wirklichkeit
weil wir uns selbst alles glauben
und nur das Gute davon befreit
uns das eigene Glück zu rauben

Der Vorgänger

neue Bekanntschaft, mühelos, Gefühle treiben
so einfach es schien, so wird es nicht bleiben
erste Merkmale sichtbar, noch nicht verstanden
Gedanken starten, Leichtigkeiten verschwanden
dein Gegenüber zweifelt, ein Fehler ausgesendet
oder immer schon da, von Wolke 7 geblendet?
Empfindliches Reagieren auf einen Moment
ignoriert, klein gegen die Liebe, die brennt
Vertrauen erst da, dann auf einmal nicht
völlig unbewusst, wohl zu wenig Rücksicht
Überanalyse, Stille stetig schlecht
doch das Gefühl, das Gefühl war echt
Gedanken rasen, Unsicherheit gestärkt
Fantasie übertrieben, zu spät bemerkt
laute Worte, Selbstschutz aktiviert
auf Eiseskälte das Gespräch basiert
Emotionen gefroren, Herz bleibt unverletzt
doch nur eines, das andere schmerzhaft zerfetzt

zurückgeworfen, die Liebe zwanghaft unterdrückt
die wunderschöne Verbindung sinnlos zerpflückt
die Angst einer Wiederholung enorm
mit Ängsten mein wahres Glück verform
Wahrheit verdreht, die Liebe eine Last
eingeredet, bis das letzte Gefühl verblasst
denn genau das passiert, wenn man vergleicht
wenn sich das Bild des Vorgängers einschleicht
Körper auf Abwehrmodus, Liebe abgekühlt
bis auch der Partner die Kälte fühlt
doch einen Punkt lasse nie außer Acht
wenn du und Partner aneinander kracht:

Rufst du die Vergangenheit mit dem Vorgänger bei
hat er nicht eine Beziehung zerstört, sondern zwei!

Mein Herz

mein Herz so unstabil wie ein Blatt Papier
wo andere einen Riss haben, habe ich vier
sensibel, kann ich nicht umgehen
es werden immer weiter Risse entstehen

Risse können heilen, Ergebnis nicht mehr ident
einmal verletzt, das Blatt mühelos durchtrennt
Situationen, die Häufigkeit nicht gezählt
Verwundbarkeit des Herzens nicht gewählt

Hoffnung aufgebaut, das Herz um schmiegt
die Worte, alle geglaubt, einfach besiegt
doch nicht so ehrlich gemeint, wie gedacht
ein tiefer Riss, verlorene Schlacht

verliebt, Wolke sieben die Welt ziert
jede Sekunde in Gemeinsamkeit investiert
auf einmal schon fünf Minuten ein Müssen
erneut ist das Papier gerissen

schwere Kisten tragen, kommt nicht in Frage
zeigt ja nicht mal 50 auf der Waage
doch dünn ist nicht gleich schwach
Blatt durchtrennt, vermehrt x-fach

viel versprochen, doch die Taten im Widerspruch
Absicht oder nicht, Vertrauensbruch
zu tun bedeutet Aufwand, es zu sagen nicht
und der nächste Riss bereits in Sicht

geschätzt, Dankbarkeit mehr als verlangt
plötzlich verloren, das Verhalten schwangt
unmenschlich, das Gegenüber doch nur Dreck
verzweifelt, zerbrochen, Tat erfüllt den Zweck

geredet, als wäre Kommunikation richtig
irgendwann gestoppt, Worte nicht mehr wichtig
Konflikte vermieden, Lösung nicht erlaubt
noch eine Wunde ertragen, hätte ich nicht geglaubt

so direkt, der Klartext ein großes Talent
Maske abgezogen noch im gleichen Moment
unvollendet gestrandet, die Gedanken rennen
Papierstücke reißen nicht nur, sie verbrennen

Verständnis, mehr als man zu glauben vermag
doch dann unverstanden, herber Rückschlag
Worte verdreht, wir hören nur, was uns gefällt
mittlerweile das Papier völlig entstellt

um zu verletzen, musst du die Schwachpunkte erkunden
erst dann triffst du die wirklich tiefen Wunden
meine muss keiner finden, habe ich nun benannt
gern geschehen, erspart bleibt dir der Aufwand

Kettenreaktion

glücklich, Stimme erhellt
positiv, eine farbige Welt
selbstbewusst, nichts aufhält
stark, Negatives entstellt

verliebt, das Leben glänzt
willensstark, Möglichkeiten unbegrenzt
aktiv, die Faulheit schwänzt
zufrieden, ein Lächeln ergänzt

loyal, an allen Seiten
zuverlässig, über Grenzen schreiten
warmherzig, Liebe verbreiten
hilfsbereit, für alle Zeiten

erfolgreich, Träume wahr
konzentriert, das Ziel klar
entschlossen, Risiko haltbar
mutig, unbemerkte Gefahr

enttäuscht, Fehler übersehen
Zweifel, nach Hilfe flehen
Kritik, Glücksgefühle gehen
erdrückend, Gedanken drehen

untalentiert, Glaube missbraucht
schlecht, Pessimismus faucht
lieblos, Emotionen abgetaucht
unbrauchbar, Energie geschlaucht

geschwächt, Selbsthass plagt
stagniert, Hoffnung zerschlagt
traurig, Selbstwert hinterfragt
Leere, verlorene Jagd

Angst, Vergangenheit vergleicht
überlegt, Mut erschleicht
riskiert, Zweifel ausgeweicht
gesiegt, Gipfel erreicht

Emotionen, eine Kettenreaktion
schlimm, schlimmer, Depression
dagegenwirken, Gedankenfusion
gut, besser, Glückshormon

denn die Gedanken steuern immer unser Befinden
auf die Richtigen gehört, die Falschen verschwinden!